BILDNER

Wo&Wie

Windows 11

Tastenkombinationen für schnelles Arbeiten

Diese Zusammenstellung nützlicher Windows 11 Tasten und Tastenkombinationen dient als kleine Gedächtnishilfe. Vorab eine kleine Übersicht über die wichtigsten, in Tastenkombinationen benötigten Tasten und ihre Bezeichnungen, die englischen Beschriftungen bzw. Bezeichnungen stehen dahinter in Klammern. Damit die Tastenkürzel noch übersichtlicher werden, sind außerdem die häufig verwendeten Tasten [⇧], [Strg] und [Alt] farbig hervorgehoben.

[↵]	Eingabetaste (Enter oder Return)	[⊞]	Windows-Taste
[←] [↑] [↓] [→]	Pfeiltasten	[⇧]	Umschalttaste (Shift)
[Strg]	Strg-Taste (Ctrl bzw. Control)	[Alt]	Alt-Taste (Alternate)
[⇦]	Rückschritttaste (Backspace)	[Entf]	Entfernen (Del bzw. Delete)
[Esc]	Abbrechen (Escape)	[ ]	Leertaste

Funktionstasten: Auf einer Notebook-Tastatur sind die Funktionstasten häufig doppelt belegt. Dann benötigen Sie zum Aufrufen die Funktionstaste in Verbindung mit der Taste **Fn** (Funktion). Diese wurde in der nachfolgenden Zusammenstellung nicht berücksichtigt.

Allgemeine Tasten

Startmenü öffnen oder schließen	[⊞] oder [Strg] + [Esc]
Datei-Explorer öffnen	[⊞] + [E]
Windows-Einstellungen öffnen	[⊞] + [I]
Dialogfeld *Ausführen* öffnen	[⊞] + [R]
Schnelleinstellungen öffnen	[⊞] + [A]
Benachrichtigungscenter öffnen	[⊞] + [N]
Windows-Widgets öffnen	[⊞] + [W]
Projizieren zum Einrichten mehrerer Bildschirme öffnen	[⊞] + [P]
Remotehilfe öffnen	[⊞] + [Strg] + [Q]
Computer sperren	[⊞] + [L]
Task-Manager aufrufen	[Strg] + [⇧] + [Esc]
Übersicht aufrufen: Sperren, Benutzer wechseln, Abmelden, Taskmanager	[Strg] + [Alt] + [Entf]
Windows-Suche öffnen	[⊞] + [S] oder [⊞] + [Q]
Aktion abbrechen, Dialogfenster ohne Speichern schließen	[Esc]
Aktion rückgängig machen	[Strg] + [Z]
Rückgängig gemachte Aktion wiederherstellen	[Strg] + [Y]
Tastaturlayout wechseln (wenn mehrere Layouts bzw. Sprachen verfügbar sind)	[Alt] + [⇧] oder [⊞] + [ ]
Kontextmenü des Startmenüs öffnen	[⊞] + [X]
Systeminfo in den Einstellungen anzeigen	[⊞] + [Pause] (+ ev. Fn-Taste)
Im aktuellen Netzwerk nach Computern suchen	[⊞] + [Strg] + [F]
Bildschirm übertragen z. B. auf Smart-TV, aufrufen	[⊞] + [K]

Menü- und Befehlsauswahl

Menüleiste der aktuellen App aktivieren	[F10]
Menü oder Befehl rechts vom aktuellen Menü/Befehl auswählen oder Untermenü öffnen	[→]
Menü oder Befehl links vom aktuellen Menü/Befehl auswählen oder Untermenü öffnen	[←]
Markiertes Menü öffnen (Dropdown-Pfeil)	[↵]
Auswahl in einem geöffneten Menü	[↓] bzw. [↑]
Markierte Auswahl übernehmen	[↵]
Menü einer App: Befehl mittels unterstrichenem Buchstaben ausführen	[Alt] + unterstrichener Buchstabe
Aktives Auswahl- bzw. Kombinationsfeld öffnen (statt Dropdown-Pfeil)	[Alt] + [↓]
Aktiver Schalter oder Kontrollkästchen *Ein* bzw. *Aus*	[ ]

Markieren, kopieren und löschen

Alle Elemente eines Fensters auswählen/markieren	[Strg] + [A]
Mehrere zusammenhängende Elemente markieren	[⇧] + eine der Pfeiltasten
Mehrere nicht zusammenhängende Elemente markieren	[Strg] + Pfeiltaste (Auswahl) + [ ] (markieren)
Ausgewähltes Element in die Zwischenablage ausschneiden	[Strg] + [X]
Ausgewähltes Element in die Zwischenablage kopieren	[Strg] + [C]
Ausgeschnittenes oder kopiertes Element aus der Zwischenablage einfügen	[Strg] + [V]
Zwischenablageverlauf öffnen Hinweis: Der Zwischenablageverlauf muss beim ersten Aufruf aktiviert werden. Oder aktivieren Sie den Zwischenablageverlauf in den *Einstellungen* ▸ *System* ▸ *Zwischenablage*.	[⊞] + [V]
Ausgewähltes Element löschen und in den Papierkorb verschieben	[Strg] + [D] oder [Entf]
Ausgewähltes Element endgültig löschen (ohne Verschieben in den Papierkorb)	[⇧] + [Entf]

Textmodus

Cursor wortweise nach rechts/links bewegen	[Strg] + [→] bzw. [←]
Zeichenweise links/rechts vom Cursor markieren bzw. Markierung wieder aufheben	[⇧] + [→] bzw. [←]
Wortweise nach rechts markieren bzw. Markierung aufheben	[Strg] + [⇧] + [→]
Wortweise nach links markieren bzw. Markierung aufheben	[Strg] + [⇧] + [←]
Cursor an das Textende setzen	[Ende]
Cursor an den Textanfang setzen	[Pos 1]
Ab Cursorposition bis Textende bzw. Textanfang markieren	[⇧] + [Ende] bzw. [Pos 1]

Startmenü

Startmenü öffnen/schließen	Win oder Strg + Esc
Erste App im geöffneten Startmenü auswählen, weitere Auswahl mit Pfeiltasten und Starten mit ↵	Tab
Angemeldeten Benutzer oder *Ein/Aus* auswählen	⇧ + Tab
Ausgewählte App oder Ordner verschieben	⇧ + Alt + Pfeiltasten
Ausgewählte App verschieben und Ordner erstellen	Strg + ⇧ + Pfeiltasten

Desktop

Größe der Desktopsymbole ändern	Strg + Mausrad
Desktop anzeigen (geöffnete Fenster minimieren) und ausblenden bzw. Fenster wiederherstellen	Win + D
Desktop temporär anzeigen (solange Taste gedrückt wird)	Win + , (Komma)
Aktive Anwendungen öffnen	Win + Tab
Neuen Desktop hinzufügen	Win + Strg + D
Nächsten Desktop rechts anzeigen	Win + Strg + →
Nächsten Desktop links anzeigen	Win + Strg + ←
Aktuellen Desktop schließen	Win + Strg + F4

Barrierefreiheit

Einstellungen zur Barrierefreiheit öffnen	Win + U
Größe von Desktopsymbolen ändern	Strg + Mausrad
Bildschirmtastatur aktivieren	Win + Strg + O
Sprachausgabe einschalten/ausschalten	Win + Strg + ↵
Spracheingabe bzw. Onlinesprachdienst starten	Win + H
Spracherkennung einrichten/starten	Win + Strg + S
Einrastfunktion (=Tasten für Tastenkombinationen nacheinander betätigen) aktivieren	⇧ 5-mal drücken
Farbfilter aktivieren Hinweis: Muss vorher in den *Einstellungen* ► *Barrierefreiheit* ► *Farbfilter* ausgewählt und eingeschaltet sein.	Win + Strg + C
Hoher Kontrast aktivieren	Alt + ⇧ + Druck

Bildschirmlupe

Bildschirmlupe öffnen	Win + +
Bildschirmlupe um je 1 Stufe vergrößern	Win + +
Bildschirmlupe um je 1 Stufe verkleinern	Win + -
Bildschirmlupe schließen	Win + Esc

Sprungliste einer angehefteten App anzeigen	⊞ + Alt + Zahl (=Position von links nach rechts)
Weitere Instanz einer geöffneten App öffnen	⊞ + ⇧ + Zahl oder
	⇧ + Klick auf Symbol
App als Administrator öffnen	Strg + ⇧ + Klick auf Symbol
Fenstermenü für geöffnete App oder Gruppe anzeigen	⇧ + Rechtsklick auf Symbol
Zwischen Fenstern einer Gruppe wechseln	Strg + Klick auf Symbol

Datei-Explorer

Datei-Explorer öffnen	⊞ + E
Neues Fenster	Strg + N
Aktives Fenster schließen	Strg + W oder Alt + F4
Neue Registerkarte (Tab)	Strg + T
Registerkarten von links nach rechts ansteuern	Strg + ↹
Registerkarten von rechts nach links ansteuern	Strg + ⇧ + ↹
Bestimmte Registerkarte ansteuern	Strg + Zahl (Zahl steht für die Position von links nach rechts)
Aktive Registerkarte schließen	Strg + W
Vorschaufenster anzeigen/ausblenden	Alt + P
Adressleiste auswählen	Alt + D
Adressleiste: Liste der letzten Speicherorte anzeigen	F4
Markiertes Element (Ordner/Datei) umbenennen	F2
Kontextmenü des markierten Elements vollständig anzeigen	⇧ + F10
Dialogfenster *Eigenschaften* für das markierte Element öffnen	Alt + ↵
Markiertes Element öffnen	↵
Datei oder Ordner suchen, Suchfeld aktivieren	F3 oder Strg + E oder Strg + F
Größe und Darstellung von Datei- und Ordnersymbolen im Inhaltsbereich ändern	Strg + Mausrad
Neuen Ordner erstellen	Strg + ⇧ + N
Pfad des ausgewählten Ordners in die Zwischenablage kopieren	Strg + ⇧ + C
Zum übergeordneten Ordner wechseln	Alt + ↑
Zurück zum letzten geöffneten Ordner	Alt + ← oder ⌫
Vorwärts zum zuletzt verlassenen Ordner	Alt + →
Navigationsbereich: Markierten Ordner erweitern bzw. Unterordner anzeigen (Nicht für Schnellzugriff!)	→ oder + (Ziffernblock)
Navigationsbereich: Ausgewählten Ordner reduzieren	← oder - (Ziffernblock)

Fenster

Neues Fenster (der aktiven App)	[Strg] + [N]
Desktop anzeigen	[⊞] + [D]
Aktives Fenster maximieren	[⊞] + [↑] oder [F11]
Aktives Fenster verkleinern (Vollbildmodus) oder minimieren	[⊞] + [↓]
Alle Fenster minimieren	[⊞] + [M]
Minimierte Fenster auf dem Desktop wiederherstellen	[⊞] + [⇧] + [M]
Minimieren aller Fenster mit Ausnahme des aktiven Fensters	[⊞] + [Pos 1]
Fenstermenü des aktiven Fensters anzeigen (Minimieren, Maximieren, Schließen, usw.)	[Alt] + [ ]
Aktives Fenster/App schließen bzw. beenden	[Alt] + [F4]
Wenn mit einer App mehrere Dokumente geöffnet sind: Schließen des aktiven Dokuments	[Strg] + [F4]
Aktuelles Fenster an die linke Bildschirmhälfte andocken	[⊞] + [←]
Aktuelles Fenster an die rechte Bildschirmhälfte andocken	[⊞] + [→]
Aktuelles Fenster an die obere Bildschirmhälfte andocken	[⊞] + [Alt] + [↑]
Aktuelles Fenster an die untere Bildschirmhälfte andocken	[⊞] + [Alt] + [↓]
Andocklayouts (Snap-Layouts) anzeigen	[⊞] + [Z]
Aktuelles Fenster bis zum oberen und unteren Bildschirmrand vergrößern	[⊞] + [⇧] + [↑]
Aktuelles Fenster vertikal wiederherstellen, Breite bleibt unverändert	[⊞] + [⇧] + [↓]
Bei mehreren angeschlossenen Bildschirmen ein Fenster auf einen anderen Monitor verschieben	[⊞] + [⇧] + [→] oder [⊞] + [⇧] + [←]
Aktives Fenster aktualisieren (z. B. Browser oder Datei-Explorer)	[F5]
Alle geöffneten Fenster/Apps anzeigen, danach Auswahl mit Pfeiltasten oder [⇆] und mit [↵] zum Fenster wechseln	[Strg] + [Alt] + [⇆]
Zwischen geöffneten Fenstern wechseln: [Alt] gedrückt halten und mit [⇆] ein Fenster auswählen	[Alt] + [⇆]
Zwischen geöffneten Fenstern in der Reihenfolge, in der sie geöffnet wurden, wechseln	[Alt] + [Esc]
Zwischen Bereichen eines Fensters oder einer App wechseln (z. B. im Datei-Explorer)	[F6]

Taskleiste

Appsymbole (ohne *Start*, *Suche*, *Aktive Anwendungen* und *Chat*) in der Taskleiste ansteuern, weitere Auswahl mit den Pfeiltasten. Öffnen oder Anzeigen mit [↵].	[⊞] + [T]
Das erste Symbol im rechten Bereich der Taskleiste (Infobereich) ansteuern, weitere Auswahl mit den Pfeiltasten	[⊞] + [B]
In der Taskleiste angeheftete App öffnen bzw. geöffnete App anzeigen (ohne *Start*, *Suche*, *Aktive Anwendungen* und *Chat*)	[⊞] + Zahl (=Position von links nach rechts)

Andockmodus (Vergrößerten Bereich oben anheften)	Strg + Alt + D
Vollbildmodus	Strg + Alt + F
Lupenmodus: Aktuellen Bereich vergrößern	Strg + Alt + L
Einstellungen zur Bildschirmlupe öffnen	⊞ + Strg + M

Screenshots

Screenshot des gesamten Bildschirms in die Zwischenablage legen	Druck
Vollbildscreenshot erstellen und im PNG-Format in einer Datei im (automatisch angelegten) Ordner Bildschirmfotos speichern	⊞ + Druck
Screenshot mit *Snipping Tool* von einem Teil des Bildschirms aufnehmen, anschließend bearbeiten und speichern. Hinweis: Über die *Einstellungen* ▸ *Barrierefreiheit* ▸ *Tastatur* können Sie auch *Verwenden der Drucktaste, um Bildschirmausschnitte zu öffnen* aktivieren. Dann genügt Druck, um Snipping Tools aufzurufen.	⊞ + ⇧ + S

Microsoft Edge (Auswahl)

Vollbildmodus ein/aus	F11
Favoritenleiste ein- oder ausblenden	Strg + ⇧ + B
Aktuelle Registerkarte als Favorit speichern	Strg + D
Auf Seite suchen öffnen	Strg + F
Zum nächsten Suchergebnis auf Seite springen	Strg + G
Zum vorherigen Suchergebnis auf Seite springen	Strg + ⇧ + G
Suchbereich in der Randleiste öffnen	Strg + ⇧ + E
Verlauf öffnen	Strg + H
Neues Fenster öffnen	Strg + N
Neues InPrivate-Fenster öffnen	Strg + ⇧ + N
Neue Registerkarte öffnen	Strg + T
Aktuelle Registerkarte duplizieren	Strg + ⇧ + K
Aktuelle Registerkarte schließen	Strg + W
Zuletzt geschlossene Registerkarte wieder anzeigen	Strg + ⇧ + T
Menü Einstellungen öffnen	Alt + E
Aktuelle Seite drucken	Strg + P
Dialogfenster *Drucken* aufrufen	Strg + ⇧ + P
Startseite auf der aktuellen Registerkarte anzeigen	Alt + Pos1

BILDNER Verlag GmbH
Bahnhofstr. 8, 94032 Passau

www.bildner-verlag.de
info@bildner-verlag.de

Autorin: Inge Baumeister
ISBN: 978-3-8328-0613-2
RP: 100630
Kennziffer: 630_01

9 783832 806132